LA SERBIE

ET LA

TURQUIE

DEVANT L'EUROPE

PARIS

ERNEST LEROUX, ÉDITEUR

RUE BONAPARTE, 28

<table>
<tr><td>LONDRES</td><td>STRASBOURG</td></tr>
<tr><td>TRUBNER and Co.</td><td>KARL TRUBNER</td></tr>
</table>

1876

LA
SERBIE

ET LA

TURQUIE

DEVANT L'EUROPE

PARIS

ERNEST LEROUX, ÉDITEUR

RUE BONAPARTE, 28

LONDRES		STRASBOURG
TRUBNER and Co.		KARL TRUBNER

1876

LA
SERBIE ET LA TURQUIE
DEVANT L'EUROPE

LA
SERBIE

ET LA

TURQUIE

DEVANT L'EUROPE

PARIS

ERNEST LEROUX, ÉDITEUR

RUE BONAPARTE, 28

LONDRES	STRASBOURG
TRUBNER and Co.	KARL TRUBNER

1876

LA
SERBIE ET LA TURQUIE
DEVANT L'EUROPE

Encore une fois les intérêts généraux de l'Europe sont troublés par l'état des rapports entre la Serbie et la Turquie. Sur qui repose la responsabilité des événements actuels qui menacent de dégénérer en conflagration générale? C'est ce que nous allons examiner dans les pages suivantes.

I

On sait ce qu'est la Serbie : oubliée depuis des
siècles, elle est ressuscitée pour l'histoire contem-
poraine à la suite de la désorganisation du corps des
Janissaires, des succès remportés par Karageorge
et par Milosch, et des guerres entre la Turquie et la
Russie : la convention d'Ackermann (1826) et le
traité de paix d'Andrinople (1829), l'ont constituée
en principauté tributaire avec les droits d'autonomie; ses frontières en seront déterminées par une
commission militaire mixte, et les détails de son
autonomie seront établis par la Sublime-Porte d'accord avec les délégués serbes, et consignés dans un
firman qui sera communiqué préalablement à la cour
de Russie. Ce firman a été promulgué en septembre
1829; il assure aux Serbes la liberté de leur culte,
l'administration intérieure indépendante, la réunion
des diverses contributions en un seul impôt, la faculté d'administrer les biens appartenant aux mu-

sulmans à la condition d'en payer la rente en même temps que le tribut, la liberté du commerce et l'autorisation aux commerçants serbes de voyager dans toutes les provinces ottomanes, munis des passeports de leur pays, la faculté de fonder des hôpitaux, des écoles et des imprimeries, et, en outre, il est interdit par ce firman à tous les musulmans, excepté ceux de la garnison, de s'établir à nouveau en Serbie.

Ces droits et immunités ont été, quelques mois plus tard (août 1830), développés dans un deuxième firman, élaboré également de concert avec les délégués serbes, et destiné à compléter les moyens de sûreté et de tranquillité intérieure de la principauté. En vertu de ce firman, le prince Milosch Obrénowitch est confirmé prince de Serbie, et cette dignité sera héréditaire dans sa famille, il sera investi de l'administration des affaires intérieures du pays par la Sublime-Porte, avec le concours de l'Assemblée nationale, composée des notables (art. 2) ; il a droit à une liste civile nécessaire pour son entretien, mais sans qu'elle devienne une charge trop lourde pour la nation (art. 12). Les autorités de la Sublime-Porte n'auront point à s'immiscer dans l'administration intérieure, ni dans les décisions des tribunaux du pays ; elles ne pourront, à plus forte raison, exiger un *para* en sus du tribut (art. 5) ; les articles 6, 7 et 16 affranchissent de tout impôt les Serbes voyageant dans les provinces de l'empire , et établissent les conditions douanières et le droit d'organiser un service postal. Le prince entretiendra la force armée nécessaire pour prévenir les désordres et assurer la punition des coupables (art. 8); terme d'un an fixé pour la vente ou l'estimation des biens appartenant aux musulmans (art. 11); le prince gouvernera avec le concours du Sénat, dont les membres sont inamovibles tant qu'ils ne se rendront pas coupables de quelque faute grave envers la Sublime-Porte ou envers les lois du pays (art. 15); le prince accréditera auprès de la Sublime-Porte un agent qui y gérera les affaires et les intérêts de la nation (art. 20).

Le firman, dont nous venons d'analyser les dispositions essentielles, était accompagné du bérat d'investiture du prince Milosch, résumant en outre les droits et les devoirs du prince et du pays.

Cependant la mission militaire turco-russe, prévue par le traité, était occupée à tracer la carte-frontière, le chiffre du tribut restait à fixer conformément au firman et en outre sur la base de la valeur estimative des biens domaniaux abandonnés à la principauté. Pour ces motifs, il a été, en 1833, adressé au prince Milosch et au gouverneur de la forteresse de Belgrade, un firman complémentaire fixant les limites de la Serbie, le montant du tribut à payer par elle, et un *modus vivendi* à l'égard des musulmans séjournant dans le pays pour liquider leurs affaires, ou dans les garnisons maintenues par les traités. Ce firman, comme les précédents, a été rédigé d'accord entre les ministres de la Sublime-Porte, les députés serbes et l'ambassade de Russie.

Tels ont été les priviléges d'administration intérieure indépendante accordés à la Serbie, et ces priviléges sont restés placés sous la garantie de la Russie jusqu'en 1856. La chute de Sébastopol sous les efforts des armées de France et d'Angleterre a mis un terme à ce protectorat exclusif de la Russie ; le congrès de Paris y a substitué la garantie collective des grandes puissances, et a stipulé en même temps l'inviolabilité du territoire serbe. Nous copions dans le traité de Paris les deux articles y relatifs :

« Art. 28. La principauté de Serbie continuera à relever de la Sublime-Porte, conformément aux hatts impériaux qui fixent et déterminent ses droits et immunités placés désormais sous la garantie collective des puissances contractantes. En conséquence, ladite principauté conservera son administration indépendante et nationale, ainsi que la pleine liberté de culte, de législation, de commerce et de navigation.

« Art. 29. Le droit de garnison de la Sublime-Porte, tel qu'il se trouve stipulé par les règlements antérieurs, est maintenu. Aucune intervention armée ne pourra avoir lieu en Serbie sans un accord préalable entre les hautes puissances contractantes. »

Si la Serbie, ainsi constituée, n'a pas répondu à ce que la civilisation était en droit d'attendre d'elle, ce n'est certes pas du côté de la Turquie qu'elle a rencontré le moindre obstacle à son développement intérieur. Le gouvernement turc, qui encourt tant de reproches quant à la marche boiteuse de son Tanzimat et quant à l'administration défectueuse de ses provinces, ne peut être accusé d'avoir, en aucune façon, empêché les Serbes de tirer de leur autonomie un profit utile et honnête.

Le contraire seul est vrai, car trop souvent la Turquie a dépassé en leur faveur les stipulations des traités, et leur a octroyé des prévenances dont nul ne lui a su gré, mais qu'on a tournées contre elle ; tandis que la Serbie, à peine avait-elle été mise en possession régulière de son autonomie, en a oublié les conditions fondamentales, et a agi comme si autonomie équivalait à indépendance. Un historien français, M. Chopin, observe que « dès 1835, le prince et le peuple serbe légiféraient comme pouvoirs libres et indépendants, alors qu'ils étaient politiquement sous la dépendance de la Turquie, et que cette conduite ne pouvait que blesser le pouvoir souverain. On ne conçoit guère en effet, ajoute-t-il, comment un peuple soumis au tribut et contraint de voir ses forteresses occupées par des troupes étrangères peut se croire maître de modifier ses institutions à l'instar d'une nation absolument indépendante. On lui a laissé le droit de régler son administration intérieure, mais le Sultan est libre de ne reconnaître ce droit qu'en tant qu'il ne portera aucune atteinte à la dépendance politique, car cette dépendance est la condition nécessaire de la concession. »

M. Chopin parlant ainsi ne condamne que le procédé avec lequel fut promulguée la charte de 1835 ; écoutons maintenant un autre historien non moins ami de la Serbie, M. Saint-René Taillandier, jugeant cette charte de 1835 quant au fond et d'après le dire d'un témoin oculaire, le docteur Cunibert. « Le législateur serbe, dit-il, créait une administration tout d'une pièce sans rapports avec les besoins du pays. Que de disparates, que de contradictions ! Ici un conseil d'État investi de pouvoirs extraordinaires, qui pouvait devenir à l'occasion le centre d'une oligarchie ; là, des institutions démocratiques tout à fait prématurées ; bien plus, des appels à je ne sais quel communisme patriarcal d'où le communisme révolutionnaire devait sortir infailliblement. Il fallait régulariser l'ancienne organisation du pays serbe, il fallait faire sortir des vieilles coutumes tous les éléments d'ordre et de liberté qu'elles renfermaient ; au lieu de cela, on crée des ministres, des conseillers d'État qui bientôt, enflés de leurs titres, voudront représenter sur leur théâtre les scènes parlementaires de l'Occident ; les sublimes paysans de la guerre de l'indépendance deviennent des Serbes vulgaires ; ils jouent des parades d'après nos journaux. Qu'ils sont gauches avec leurs habits brodés ! On dirait une mascarade ! Qu'on se figure une bureaucratie occidentale installée tout à coup au milieu des forêts de la Schoumadia. »

« Une pareille constitution ne pouvait manquer d'attirer sur la Serbie des malheurs sans fin, » dit

encore M. Cunibert, et c'est en l'honneur d'une telle
œuvre que la Serbie a violé son firman ! Naturelle-
ment cette charte n'établissait point un régime de
paix entre le prince Milosch, héritier des coutumes
des pachas, et les grands personnages serbes aspi-
rant aux jouissances des anciens spahis. La Sublime-
Porte, plus soucieuse de son repos que du mépris où
l'on avait laissé son autorité et ses firmans, attend
que les partis aux prises et la puissance protectrice
elle-même fassent appel à l'autorité suzeraine.

Le sultan Mahmoud octroie donc (1838) à la Serbie un Statut organique (en serbe : *Ustav*), à l'occasion duquel, soit dit entre parenthèses, nous pouvons
regretter que le gouvernement central n'ait pas à
ce jour encore trouvé utile et convenable de doter
les provinces qui relèvent de son autorité directe
d'une organisation analogue, dont M. Cunibert dit :
« Ce hati-chérif consacre tous les principes d'un bon
gouvernement; il proclame l'égalité des citoyens
devant la loi, l'inviolabilité des personnes et de la
propriété, la liberté de commerce; il abolit les cor-
vées, établit assez clairement la hiérarchie adminis-
trative et judiciaire et semble déceler chez le sultan
les meilleures intentions pour son peuple de Serbie. »
Cet *ustav* a encore à nos yeux le mérite de montrer

que la Sublime-Porte n'est pas sans connaître les véritables moyens d'organiser le contrôle des finances publiques.

Le Statut organique de 1838 n'est pas plus respecté que le firman organique de 1833. En 1839, abdication du prince Milosch; en 1842, révolution au profit du prince Karageorgewitch; en 1858, restauration du prince Milosch; en 1860, couronnement du prince Michel; en 1861, promulgation d'une nouvelle constitution et d'une nouvelle loi de succession; en 1868, installation d'une régence et avénement d'un prince adoptif; nous en passons pour ne citer que le plus frappant : et dans tout cela le suzerain n'a pas été consulté, la Serbie usurpe une complète indépendance, les firmans impériaux sont mis de côté, et la Sublime-Porte se borne à répondre : Ainsi soit-il, sanctionnant successivement tous les faits et gestes des Serbes, souvent même les dotant de nouvelles faveurs. On l'a vu par l'ustav de 1838; de même, sans revendiquer, fût-ce académiquement, le respect dû à l'autorité du suzerain, la Sublime-Porte accorde aux Serbes la reconnaissance de tous les régimes qu'ils veulent se donner, et quand, encouragés ou enhardis par cet excès de bonté chez le gouvernement suzerain, ils s'empres-

sent de mettre à profit tous ses embarras intérieurs
et extérieurs, celui-ci, à son tour, s'empresse de les
amadouer et évacue la forteresse de Belgrade, afin
que les Serbes ne se joignent pas aux Crétois insur-
gés. On a bien raison de le dire, car cela se lit à
toutes les pages de ses annales : La principauté de
Serbie est l'enfant gâté de la Sublime-Porte. Or, elle
n'est pas moins l'enfant gâté de l'Europe. Nous ne
pouvons absoudre complétement les pachas qui depuis quarante ans se sont succédé à la Sublime-
Porte sans faire respecter l'autorité de leurs sultans
méconnue par les Serbes. En cette circonstance,
comme en maintes autres, les Turcs expient leur
Allah Kérim, qui favorise une certaine indolence
native, toujours disposée à ajourner les difficultés,
sans souci de l'avenir, qui les recevra grandies et
grossies. Mais si les ministres turcs sont répréhen-
sibles, du moins peuvent-ils plaider les circonstances
atténuantes devant l'Europe, qui, par ses diploma-
tes, s'est fait en tout temps le soutien de ce relâche-
ment du droit.

C'est sur la scène de Belgrade, en effet, que s'est
joué dès l'abord le vaste drame des rivalités et des
jalousies entre les grandes puissances. Moins heu-
reux que les Grecs, les Serbes n'avaient trouvé à

l'heure de la lutte que les sympathies russes, une
hostilité latente chez les Autrichiens et l'indifférence
la plus muette auprès des puissances occidentales.
A peine avaient-ils secoué le joug de la féodalité
turque et conquis, à la faveur des circonstances,
beaucoup plus que par le secours étranger, le droit
de vivre au soleil, qu'ils voyaient la diplomatie in-
tervenir entre eux et leur souverain. Cette média-
tion russe, légitimée par les traités, n'a pas manqué
d'évoquer l'intervention de l'Angleterre : il s'agis-
sait d'interpréter les firmans, occasion excellente
pour les deux cabinets en présence, l'un s'efforçant
d'en profiter pour se rendre indispensable à Belgrade et s'imposer à Stamboul, l'autre s'ingéniant
pour affaiblir le prestige russe à Belgrade et se rendre agréable à la Sublime-Porte, pendant que l'Autriche, du haut du rocher de Semlin, lorgnait d'un
œil jaloux les limbes de l'État naissant. C'était ainsi
sous le régime du protectorat exclusif de la Russie.
Depuis le traité de Paris, le spectacle des rivalités
des cabinets, des audaces de la Serbie et des condes-
cendances de la Turquie a pris une nouvelle exten-
sion. Est-il besoin d'insister longuement sur l'histoire diplomatique de la Serbie ? On sait comment
cette lutte d'influence entre l'Angleterre et la Russie
a épuisé tour à tour le crédit de l'une et de l'autre,

au seul profit de la Serbie, qui emporte ainsi l'accomplissement de tous ses désirs : les conférences de Kanlidja (1862) la délivrent des derniers musulmans séjournant sur son sol; le firman de 1867, arraché à la Sublime-Porte par les instances de la France et de l'Autriche, affranchit la citadelle de Belgrade.

Que fera la Serbie en échange de tant de bienfaits ?

II

Délivrée de l'autorité des pachas et des beys
turcs, jouissant d'une pleine autonomie, administrée
par un prince national, et placée sous la garantie du
droit international à l'abri de toute attaque contre
son territoire ou ses immunités, la Serbie telle que
l'avait créée l'héroïsme de ses enfants, les faveurs
des sultans et la protection des puissances, avait un
beau rôle à remplir sur la scène de l'Orient. Affermir
les institutions nationales, encourager l'instruction
primaire, favoriser le travail, déployer les ressources
du pays, assurer l'ordre par la liberté, et sans rien
faire, elle, pour provoquer la transformation de l'Europe orientale, se placer au niveau de toutes les
chances que la fortune a si généreusement mises à sa
disposition, devenir un exemple pour lé gouvernement turc, un encouragement pour les puissances

chrétiennes, un vivant appel aux frères de race moins
favorisés, cette grande tâche réservée à la Serbie
ressuscitée et qui eût suffi à l'activité comme à la
gloire de plusieurs générations, a été complétement
négligée par elle, et après quarante ans d'autonomie
incontestée, un écrivain qui lui est entièrement sym-
pathique ne peut s'empêcher de reconnaître que
« tout est à créer en Serbie; l'industrie et l'agriculture sont dans l'enfance, la huitième partie du sol à
peine est cultivée, les procédés de culture sont ceux
des âges primitifs, l'usage des engrais est inconnu,
quand la terre est fatiguée, on la met en jachères.
Le pays produit le blé et le vin nécessaires à sa con-
sommation; mais il doit s'approvisionner au dehors
d'une foule de denrées, farine, beurre, graisse, lé-
gumes, etc. Les nombreux cours d'eau qui sillonnent
la principauté ne font tourner que quelques grossiers
moulins. Les forêts, dont le voisinage du Danube et
de la Save semblerait devoir décupler la valeur, ne
sont utilisées que pour le chauffage des habitants,
la plupart des matériaux qui servent à la construc-
tion, les poutres, les lattes, sont tirées de la Hon-
grie et de l'Autriche. Encore ces magnifiques forêts,
la richesse et l'orgueil de la Serbie, sont-elles me-
nacées de disparaître, grâce à l'incurie des habitants
qui, en usant avec elles comme le sauvage avec l'ar-

bre dont il veut atteindre le fruit, y portent sans
merci le fer et la cognée. »

On dirait vraiment que c'est d'une province turque que parle M. Ubicini écrivant les lignes ci-
dessus. Voilà l'usage que la Serbie a fait de sa posi-
tion privilégiée en Orient. Rien ne l'empêchait de
servir les intérêts de la civilisation, et par là les
siens propres, la Turquie la plus jalouse n'eût pu
l'empêcher de prêcher d'exemple. Si alors, si devant
une Serbie aussi prospère que libre, la Bosnie et
l'Herzégovine s'étaient élevées s'écriant : Et nous
aussi, nous sommes Serbes, notre communauté de
race prouve notre égale aptitude, qu'on nous accorde
une égale liberté ! Si alors, disons-nous, si devant
une Serbie libre et reconnaissante de sa liberté, la
Bulgarie, sans être d'origine serbe, s'écriait : Donnez-
moi une liberté égale, donnez-moi l'autonomie pour
que je me développe à l'instar de la Serbie ! Dans
ce cas ni la Bosnie, ni la Bulgarie n'eussent peut-
être imploré en vain la bienveillance des sultans;
elles auraient en tout cas possédé le concours et
l'appui des grandes puissances, heureuses des ré-
sultats de leur œuvre. En l'état où la Serbie a placé
le principe des administrations provinciales auto-
nomes, l'expérience ainsi faite a dû éveiller la sus-

ceptibilité de la Sublime-Porte, et sensiblement refroidir la passion des cabinets ordinairement les plus zélés pour l'amélioration par ce moyen du sort des chrétiens; agissant comme elle l'a fait, la Serbie a, en un mot, travaillé à la prolongation du régime turc ; et, conséquence beaucoup plus compromettante pour elle et son ambition, elle a singulièrement écarté d'elle la sympathie des provinces voisines.

On sait, et il n'est pas besoin d'insister longuement pour prouver que le principal obstacle qui s'oppose au progrès en Orient, c'est la juxtaposition de deux éléments : l'un chrétien, l'autre musulman. Il n'a pas suffi de promulguer l'égalité de tous devant la loi ; ce principe à l'état abstrait ne s'impose pas aux musulmans pour les amener à partager leurs prérogatives avec les chrétiens; la tâche du gouvernement qui l'a proclamé et en a solennellement promis l'application était de procéder graduellement et de prouver aux uns l'avantage qu'ils ont à faire des concessions aux autres. Comment le gouvernement turc pouvait-il administrer cette preuve à la population musulmane, n'ayant pas lui-même la conviction de cet avantage, recevant, au contraire, de la Serbie, ce triste enseignement que toute concession est interprétée comme un signe de faiblesse, et accueillie non comme un bienfait, mais comme une victoire bonne à en préparer d'autres? Sous de pareils auspices, le principe moderne de l'égalité ne pouvant faire de nombreux prosélytes dans les esprits orientaux, cesse d'être, comme on avait voulu l'espérer, un instrument de conciliation et devient un agent de désordres et de troubles : comment l'Europe civilisée ne serait-elle pas amenée instinctivement à y renoncer par considération pour ses propres intérêts dont l'ordre est la première condition? Aussi, l'autonomie provinciale, ce système propre à assurer aux sujets chrétiens la gestion de leurs affaires sans rien enlever aux Turcs, cette manière de pratiquer l'égalité sans blesser aucune conscience, a-t-elle perdu toute sa vertu : les puissances n'en réclament plus nulle part de nouvelle application, la Sublime-Porte leur demanderait contre le retour des procédés serbes des garanties qu'elles seraient impuissantes à lui fournir. Pareilles négociations n'ont d'ailleurs pas l'occasion de se produire, car les populations chrétiennes de l'Empire ont instinctivement compris combien l'égalité absolue est une utopie. Elles seraient satisfaites que la loi des sultans leur procurât justice et sécurité, et elles ne songent pas à une autonomie qui n'a pu fournir à la Serbie une meilleure agriculture, ni une meilleure industrie, ni, en général, une meilleure satisfaction des intérêts matériels.

Il suffit, pour le constater, d'assister aux premiers ébats d'une insurrection naissante : nul n'a entendu les chrétiens de la Bosnie, de l'Herzégovine, de la Bulgarie réclamer l'annexion à la Serbie, ni même les bienfaits de l'autonomie.

L'histoire impartiale racontera un jour que, pas plus dans une province que dans l'autre, les régnicoles ne se sont mis spontanément en révolte contre l'autorité locale, mais que partout l'insurrection a été le produit de la violence. L'empire abonde malheureusement en fonctionnaires dont la conduite peut, à chaque moment, provoquer un sentiment de plainte, ou même de colère, dans la population malheureuse et opprimée. Il ne s'agit plus, pour ceux qui veulent exploiter à leur profit la misère publique, que de choisir le lieu et l'heure. Et, au moment voulu, à l'endroit convenable, des bandes venues du dehors, et quelquefois en petit nombre, réussissent, à force de violences, à enrôler des partisans : incendier des hameaux chrétiens, et exercer des sévices contre les hameaux musulmans, voilà les règles élémentaires de toute insurrection, et plus les cruautés commises contre les musulmans sont nombreuses et criantes, plus les bandes se grossissent rapidement du nombre de ceux qui redoutent les représailles. Celles-ci ne manquent pas d'avoir lieu, et grâce à la complaisance des agences télégraphiques, l'Europe apprend les horreurs commises par les Turcs, les avanies infligées aux chrétiens, l'insurrection de la province. La veille nul n'avait pensé à s'insurger; le lendemain le sentiment de conservation personnelle et la nécessité d'éviter des représailles, ont déjà créé toute une petite armée insurrectionnelle, assez grande pour occuper l'attention publique en Europe, où tout Monténégrin faisant le signe de la croix avant de se livrer au brigandage, n'est rien moins qu'un héros. Viennent ensuite les retraites assurées sur le territoire de la principauté voisine, l'impunité garantie aux brigands et à leurs hôtes par l'art. 29 du traité de Paris, le retour, avec de nouvelles armes, dans d'autres villages appelés à subir le même procédé et à fournir de nouveaux soldats à l'insurrection, et bientôt la diplomatie prêche l'humanité à la Sublime-Porte, si tant est qu'elle ne proclame pas l'insurrection comme le plus saint des devoirs.

Cette méthode a parfaitement réussi en Herzégovine et en Bosnie, où le gouvernement turc a écouté

les conseils des puissances et a décidé de temporiser,
d'agir avec modération ; elle n'a pas réussi en Bulgarie, car le pouvoir, heureusement passé en de meilleures mains, n'a pris conseil que de lui-même de ses
propres intérêts, et agissant avec autant de prompti-
tude que d'énergie, il a réprimé l'insurrection dès sa
naissance, ne lui laissant pas le temps de lancer ses
bulletins de victoire dans les journaux de l'Occident,
ni d'aller chercher l'impunité au delà de la frontière
de Serbie.

Il en était temps encore, la Serbie pouvait encore
se rendre aux conseils pressants des puissances, et
laisser à la Turquie le repos nécessaire au développement de ses récents projets de réforme. L'Europe,
qui a besoin de paix, et la Turquie prête à aborder
une nouvelle ère, lui en eussent été également re-
connaissantes ; mais la Serbie n'écoute plus que les
conseils de son ambition. Pendant que la Turquie lui
a laissé oublier les conditions de l'autonomie, pendant
que la diplomatie lui a obtenu le pardon de toutes les
injures portées à la suzeraineté, le principe des natio-
nalités qui avait fait son apparition dans le domaine
de la politique, achève d'entraîner la Serbie dans le
mouvement des idées les plus révolutionnaires.

Les historiens lui avaient déjà rappelé l'étendue
de l'antique empire de Douchan, les théoriciens
viennent bientôt lui montrer deux millions de frères
végétant en Bosnie et en Herzégovine, deux autres
millions répandus en Autriche-Hongrie depuis la
Theiss et le Danube, jusqu'à Raguse et la Dalmatie ;
les théoriciens slavistes, renchérissant sur ces derniers, enseignent publiquement comment tous ces
Serbes réunis avec les Croates et les Bulgares for-
meraient un magnifique royaume Jougo-Slave de
dix millions d'âmes ; et ainsi, de tout le monde slave,
de l'Autriche surtout, affluaient en Serbie les ambi-
tieux et leurs théories, pendant que l'opinion publique en Occident, mieux intentionnée que renseignée,
salue ce Piémont de l'Orient. La Serbie arme donc
sa milice, convoque son ban et son arrière-ban, et,
l'ingratitude étant érigée en vertu, l'impunité en
dogme politique, et la révolution en principe social,
elle se prépare à envahir la Turquie, à émanciper les
chrétiens malgré eux. La Turquie lui avait appris à
tout oser, la diplomatie l'avait accoutumée à ne rien
redouter, les journalistes, les littérateurs, les ora-
teurs, tout ce qui écrit, tout ce qui parle, tout ce qui
pense en Europe lui avait appris à tout espérer : c'en
est fait, l'Omladina gouvernera le monde oriental,
la Serbie sera son levier, et le prince Milan adresse

au grand-vizir sa lettre qui serait un modèle de
naïveté enfantine, si elle n'était un phénomène d'in-
solence.

PARIS. — IMPRIMERIE A. DUTEMPLE, RUE DES CANETTES, 7.

ERNEST LEROUX

LIBRAIRE-ÉDITEUR DE LA SOCIÉTÉ ASIATIQUE

RUE BONAPARTE, 28, PARIS.

JOURNAUX ET REVUES

Publiés par la Librairie ERNEST LEROUX

JOURNAL ASIATIQUE

PUBLIÉ PAR LA SOCIÉTÉ ASIATIQUE, RECUEIL MENSUEL

Un an, Paris, 25 fr.—Départements, 28 fr. 50.—Étranger, 30 fr.
— Un mois, 3 fr. 50.

REVUE CRITIQUE

D'histoire et de littérature. Recueil hebdomadaire, publié
sous la direction de MM. de la Berge, Bréal, Monod, G., Paris.
Secrétaire de la rédaction, S. Guyard.

Un an, Paris, 20 fr. — Départements, 22 fr. — Étranger, 25 fr.
— Un numéro, 75 cent.

REVUE BIBLIOGRAPHIQUE

De philologie et d'histoire. Recueil mensuel.
Un an, Paris, 5 fr.— Départements, 5 fr. 50.—Étranger, 6 fr.
— Un numéro, 50 cent.

REVUE D'ANTHROPOLOGIE

Trimestrielle. Publiée par le Dr Broca.

Un an, Paris, 25 fr. — Départements, 28 fr. 50. — Étranger, 30 fr. — Un numéro, 7 fr. 50.

REVUE DE PHILOLOGIE ET D'ETHNOGRAPHIE

Publiée par Ch.-Eug. de Ujfalvy, sous les auspices de la Société de Philologie.

Un an, Paris, 20 fr. — Départements, 22 fr. 50. — Étranger, 25 fr.

MUSÉE ARCHÉOLOGIQUE

Recueil illustré de monuments de l'antiquité, du moyen âge et de la Renaissance, indicateur de l'archéologue et du collectionneur. Publié par A. de Caix de Saint-Aymour. Trimestriel.

Un an, Paris, 25 fr. — Départements, 28 fr. 50. — Étranger, 30 fr. — Les numéros ne se vendent pas séparément.

LE BIOGRAPHE

Journal illustré de photographies. Chaque numéro contenant huit biographies et huit photographies.

Un an, Paris, 15 fr. — Départements, 16 fr. 50. — Étranger, 18 fr. — Un numéro, 1 fr. 25.

ERNEST LEROUX, ÉDITEUR

RUE BONAPARTE, 28

BIBLIOTHÈQUE ORIENTALE ELZÉVIRIENNE

I. — Les Religieuses boudhistes, depuis Sakya Mouni jusqu'à nos jours, par MARY SUMMER. Avec introduction, par Ph.-Ed. FOUCAUX, 1 vol. in-18 elzévir, sur papier de Hollande. . . . . 2 fr. 50

II. — Histoire du Boudha Sakya Mouni, depuis sa naissance jusqu'à sa mort, par MARY SUMMER. Avec préface et index, par Ph.-Ed. FOUCAUX. 1 vol. in-18 elzévir, sur papier de Hollande . . . . 5 fr.

III. — Les Stances érotiques, morales et religieuses de Bhartrihari, traduites du sanscrit par P. REGNAUD. 1 volume in-18 elzévir. . . . . 2 fr. 50

IV. — La Palestine inconnue, par CLERMONT-GANNEAU. 1 volume in-18 elzévir. . . . . 2 fr. 50

V. — Les Plaisanteries de Nasr-Eddin-Hodja. Traduit du turc par DECOURDEMANCHE. 1 vol. in-18 elzévir. 2 fr. 50

SOUS PRESSE :

VI. — Le Bostan de Sadi. Traduit du persan et annoté par M. BARBIER DE MAYNARD.

VII. — Le Chariot de terre cuite (Mricchakati), drame sanscrit du roi Soudraka. Traduit en français par P. REGNAUD, 4 vol. in-18 elzévir . . . . 10 fr.

VIII. — Proverbes orientaux. Traduits du turc, de l'arabe, du persan, du chinois, etc.

AGENCE LITTÉRAIRE

Orientale et Américaine

La Librairie ERNEST LEROUX, rue Bonaparte, 28, à Paris, correspond régulièrement avec les différents pays de l'Orient et de l'Amérique.

Elle publie ou reçoit en dépôt tous les ouvrages de linguistique, d'histoire, d'actualité, et les envoie en commission à tous ses agents en France et à l'étranger.

Elle se charge des achats de livres anciens et modernes, des ventes aux enchères. des expertises, de la rédaction des Catalogues, etc.

CATALOGUES EN DISTRIBUTION

Les Catalogues suivants ont été récemment publiés par la Librairie ERNEST LEROUX et sont en distribution gratuite :

Catalogue des livres de fonds et en nombre.
Catalogue de livres arabes, persans et turcs.
Catalogue de livres chinois et d'ouvrages relatifs à la Chine.
Catalogue d'une précieuse collection de livres chinois récemment importés de Chine par la Librairie Ernest Leroux.
Catalogue d'une importante collection de livres américains.
Catalogue de livres hébreux et syriaques.
Catalogue d'une collection de livres relatifs à l'Algérie et aux colonies françaises.

Paris. — Imp. A. Durtemple, 7, rue des Canettes.